Lesen & hören

A1

Glück gehabt

Langenscheidt

Berlin · München · Wien · Zürich
London · Madrid · New York · Warschau

Lesen & Hören
A1
Lektüren für Deutsch als Fremdsprache
Glück gehabt

Von Theo Scherling und Elke Burger

Umschlagbild und Fotos: Standfotos aus der DVD „Berliner Platz 1 Neu",
Autoren; S. 6 Mitte: Sabine Wenkums
Layout: Kommunikation + Design Andrea Pfeifer
Redaktion: Sabine Wenkums

CD: Laufzeit 23'50
Sprecher/innen: Felice Lembeck, Verena Rendtorff, Ruth Stefani,
Florian Stützel, Sabine Wenkums

Regie: Elke Burger und Theo Scherling
Aufnahme, Schnitt, Mischung: Andreas Scherling
Tonstudio: Erik Weissberg, White Mountain Studio, München
Produktion: Bild & Ton, München

www.langenscheidt.de

© 2010 Langenscheidt KG, Berlin und München
Druck: CS-Druck CornelsenStürtz, Berlin
ISBN 978-3-468-47292-3

11010

Lesen & Hören
A1

Glück gehabt

INHALT

DIE HAUPTPERSONEN DIESER GESCHICHTE:

Felice
ist Mitte 20 und Studentin, nebenbei jobbt sie bei einer Filmproduktion.

Sie sucht dringend eine neue Wohnung, denn ihre Nachbarn lieben laute Musik. Vor allem frühmorgens.

Frau Schönhaus
ist sehr nett, hat eine schöne Wohnung und will sie vermieten.

Bei der Besichtigung ist ihr Felice sehr sympathisch.

Ruth
ist die Regisseurin bei der Filmproduktion und Felice' Chefin.

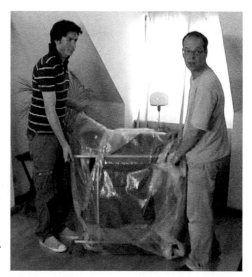

Florian und Philipp
sind zwei nette und hilfs-
bereite Kollegen von Felice.

Sie helfen ihr beim Umzug.

Frau Dr. Hartmann
ist die Ärztin von Felice.

Nach dem Umzug muss auch
Florian zu ihr in die Praxis.

1

Es ist 7 Uhr. Der Wecker hat noch nicht geklingelt, aber Felice wacht auf. Sie hört laute Musik. Sie reibt sich die Augen und sieht auf ihren Wecker. Erst sieben. Der Wecker klingelt heute doch erst um halb acht!

Die Musik kommt aus der Wohnung nebenan: „Dumm, dumm, dumm!"
Sie schimpft: „Jeden Morgen diese Heavy Metal Musik! Ich halte das langsam nicht mehr aus!"
Sie klopft an die Wand – aber es kommt keine Reaktion.

Felice versucht noch ein bisschen zu schlafen, aber die Musik ist einfach zu laut.

Nach fünf Minuten steht sie auf.
Sie ärgert sich:
„Oh, Mann! Ich zieh' hier aus!"

Felice ist 25 Jahre alt und studiert Französisch und Deutsch an
der Universität. Sie lebt in einer kleinen Wohnung am Stadtrand:
ein kleines Zimmer, Küche, Bad.
Sie wünscht sich schon lange eine größere Wohnung im Zentrum,
aber für eine intensive Suche hatte sie nie Zeit.

Sie geht in die Küche und setzt Wasser für den Kaffee auf. Dann
geht sie ins Bad.
Aus der Küche kommt ein lauter Pfeifton: „Pfiiiiiiiet!" Das Wasser
kocht.
Felice macht Kaffee, zieht ihren
Morgenmantel an und holt die
Zeitung.

Die Zeitung liegt jeden Morgen
vor ihrer Wohnungstür.
Die Tür der Nachbarwohnung
geht auf und ein circa 14-jähriger
Junge mit Schultasche kommt
heraus.
„Morgen, Frau Lembeck!"
„Morgen ..."
Felice will gerade wegen der lauten Musik schimpfen – aber da
poltert[1] der Junge bereits die Treppe hinunter.

---

1 *er poltert die Treppe hinunter*: er rennt laut die Treppe hinunter

Zum Frühstück liest Felice die Zeitung: Politik und Wirtschaft. Dann blättert sie zu den Lokalnachrichten. Sport interessiert sie nicht.

●Ü1 Plötzlich sieht sie die Wohnungsanzeigen.
●Ü2

●Ü3

4 ZKB in Altbau, 120 qm, Ofenheizung, 700 € + NK Sofort zu vermieten! Tel. 08121-849275 Ab 18 Uhr

3 ZKB, Balkon, 80 qm, Zentralhzg. Neubau! 650 € + NK. Von Privat! Chiffre 65743

2 ZKB im Zentrum, 65 qm, Zentralhzg., Neubau! 600 € + NK, 2 MM Kaution. Sofort frei. Stegmüller Immobilien Tel. 0171-83383320

KAPITEL 1

1a Was erfahren Sie über Felice? Sammeln Sie.

1b Ordnen Sie die Informationen aus Übung 1a.

	Name	Alter	Beruf	...
Person				

	Wohnung	Nachbarn	...	...
Wohnsituation				
Morgenritual				

2 Und Sie? Wer sind Sie? Wie/Wo wohnen Sie? Was machen Sie am Morgen?

	Name	Alter	Beruf	...
Person				

	Wohnung	Nachbarn	...	...
Wohnsituation				
Morgenritual				

3 Welche Anzeige ist für Felice vielleicht interessant? Markieren Sie auf Seite 10.

Felice liest die Wohnungsangebote und eine Anzeige interessiert sie sehr.

Sie holt ihr Handy und wählt die Nummer: 0171 – 83 38 33 20

„Stegmüller Immobilien, guten Tag."

„Lembeck, guten Tag. Ich habe gerade Ihre Anzeige gelesen."

„Welche denn?"

„Die Zweizimmerwohnung im Zentrum."

„Ja, Frau …"

„Lembeck."

„Die Wohnung ist noch frei. 600 Euro kalt."

„Und gibt es noch andere Kosten?"

„Na ja, die üblichen Nebenkosten. Etwa 200 Euro, inklusive Heizung."

„Wie hoch ist denn die Kaution?"

„Drei Monatsmieten."

„Drei? Aber in der Anzeige …"

„Drei Monatsmieten sind üblich! Plus Provision natürlich! Möchten Sie die Wohnung besichtigen?"

„Ich überlege es mir und rufe später noch mal an."

●Ü4 „Tun Sie das, Frau, äh, …"

Felice schaltet ihr Handy aus und ärgert sich schon zum zweiten Mal an diesem Morgen:

„So ein Idiot! Und die Angaben in der Anzeige stimmen auch nicht."

Sie will die Zeitung weglegen, da sieht sie
noch eine Anzeige:

❯Ü5

Felice ruft sofort an. Eine freundliche Frauenstimme meldet sich:

6

● Schönhaus, guten Morgen!   ❯Ü6
○ Guten Morgen. Mein Name ist Lembeck. Ich habe gerade
   Ihre Anzeige gelesen. Ist die Wohnung denn noch frei?
● Ja, Sie sind die erste Anruferin!
○ Kann ich die Wohnung besichtigen?
● Natürlich! Wann können Sie denn kommen?
○ Hm, heute Nachmittag? Geht das?
● Das passt mir gut. Kommen Sie doch um halb fünf.
○ Früher geht nicht?
● Nein, leider nicht. Ich arbeite bis 16 Uhr.
○ Gut, dann komme ich um halb fünf. Ah ja, die Adresse!
● Albrechtstraße 82. Kennen Sie die Albrechtstraße?
○ Hm, ist die im Zentrum?
● Genau! Kommen Sie mit dem Auto?
○ Nein, ich komme mit der U-Bahn.
● Nehmen Sie die Linie 2 bis zur Haltestelle Kaiserplatz, dann
   gehen Sie die Humboldtstraße entlang, bis zur 2. Kreuzung.
   Da ist die Albrechtstraße. Gehen Sie rechts in die Albrecht-
   straße, das sind dann noch 200 Meter.
○ Vielen Dank, Frau Schönhaus, bis heute Nachmittag!
● Entschuldigung, wie war noch mal Ihr Name?
○ Lembeck. Felice Lembeck. Meine Handynummer ist 0621 –
   38 29 44 72.
● Danke, Frau Lembeck. Bis heute Nachmittag. Auf Wiederhören.
○ Auf Wiederhören, Frau Schönhaus.

Zufrieden räumt Felice den Frühstückstisch ab.

KAPITEL 2

4 Was passt zusammen? Ordnen Sie zu.

1. Zweizimmerwohnung im Zentrum   A die Kaution
2. 600 Euro kalt   B das Wohnungsangebot
3. 200 Euro   C die Miete
4. 3 Monatsmieten   D die Nebenkosten

**5a Welche Wörter zum Thema Wohnungssuche kennen Sie?
Notieren Sie.**

die Anzeige,

5b Schreiben Sie eine Anzeige für Ihre Wohnung.

6 Hören Sie und notieren Sie.

Die Frau am Telefon heißt _____.

Felice kann die Wohnung heute um _____ besichtigen.

Die Adresse ist _____.

Felice fährt mit _____ zur Besichtigung.

Sie muss die Linie _____ bis zum _____platz nehmen.

Am Nachmittag fährt Felice zur Albrechtstraße. Jetzt steht sie vor der Hausnummer 82 und klingelt.

„Ja, wer ist da bitte?"
„Frau Schönhaus? Hier ist Felice Lembeck."
„Kommen Sie rauf, dritter Stock!"

Felice geht schnell die Trep-
pen hoch. Vor der Wohnungstür zieht sie ihre Jacke zurecht.
Dann geht die Tür auf.

„Guten Tag, Frau Schönhaus."
„Guten Tag, Frau Lembeck.
Kommen Sie rein. Haben Sie
es gleich gefunden?"
„Ja, kein Problem. Sie haben
den Weg perfekt beschrieben."
„Ja – dann fangen wir mal an.
Also: Hier ist die Küche. Der Herd ist ziemlich neu und den
Kühlschrank kann ich auch dalassen."
„Das ist prima! Meiner ist leider kaputt. Bleibt die Waschmaschine
auch da?"
„Nein, die nehme ich mit."

Die Küche ist zwar klein, aber praktisch.

„Hier ist das Bad."
Felice sieht in das Badezimmer. Es ist auch klein, aber mit Bade-
wanne.

„Und das ist das Schlaf-
zimmer. Der Einbau-
schrank[2] bleibt übrigens
drin."
„Ah ja, gut! Der ist schön
groß."

2 *der Einbauschrank*: der Schrank ist fest an die Wand gebaut und passt genau

Und nach einer kleinen Pause fragt sie:
„Ist die Wohnung denn ruhig?"
„Ja. Wir sind hier in einer Seitenstraße. Hier gibt es wenig Verkehr. Und die Nachbarn sind ältere Leute, sehr nett und sehr ruhig."
„Das ist gut!", lacht Felice.

„So, und das ist das Wohnzimmer. Sehr groß und sehr hell. Hier geht es auch auf den Balkon."
„Oh, wie schön!" Felice ist begeistert.
„Ja, der Balkon ist wirklich schön. Am Nachmittag hat man hier viel Sonne ..."

❯Ü7
❯Ü8
❯Ü9

KAPITEL 3

7 Welche Zimmer gibt es in der Wohnung? Kreuzen Sie an.

die Küche ☐ das Badezimmer ☐
das Arbeitszimmer ☐ die Gästetoilette ☐
das Kinderzimmer ☐ das Schlafzimmer ☐
das Wohnzimmer ☐ das Esszimmer ☐

8a Wie sind die Zimmer? Ordnen Sie passende Adjektive zu.

> modern • groß • dunkel • klein • hell • praktisch • schön

Die Küche ist _____.

Das Badezimmer ist _____.

Das Wohnzimmer ist _____.

Der Balkon ist _____.

**8b Welche Informationen gibt es noch zu der Wohnung?
Schreiben Sie.**

> Herd • Kühlschrank • Waschmaschine •
> Einbauschrank im Schlafzimmer • Lage •
> Nachbarn

_____

_____

_____

_____

_____

9 Und wie ist Ihre Wohnung? Beschreiben Sie die Zimmer wie in Ü8a.

Dann gehen die beiden zurück ins Wohnzimmer.

„Ich habe mir noch ein paar Fragen notiert," sagt Felice.
„Gern! Nehmen Sie doch Platz."
„Danke."

Felice holt einen Block aus ihrer Handtasche.
Frau Schönhaus beantwortet
geduldig und freundlich ihre
Fragen und Felice schreibt alles auf:

Nebenkosten: ca. 140E, inkl. Heizung
Kaution: 2 Monatsmieten
Wäsche trocknen? Speicher³!
Fahrrad abstellen? Hof und Fahrradkeller
TV- Kabelanschluss?
ruhig? einkaufen? Geschäfte?

„Darf ich vielleicht noch mal auf den Balkon?"
„Aber ja. Natürlich. Kommen Sie."

3 *der Speicher: der Dachboden*

Ü10 Felice sieht über die Dächer und ist immer noch begeistert.

Ü11 ● Schön, sehr schön! Ach ja, kann man in der Nähe auch einkaufen?

○ Ja, klar. Sehen Sie, gleich da vorne sind viele Geschäfte: eine
Bäckerei, eine Metzgerei und vorne am Platz ist ein großer
Supermarkt. Und einmal in der Woche ist dort Markt. Da
kaufe ich immer mein Obst und Gemüse. Ach so, Cafés und
eine Pizzeria gibt es natürlich auch. Und eine Apotheke, ein
Schuhgeschäft, ... eigentlich ist alles da, was man braucht.
Und mit der U-Bahn sind es ja nur zwei Stationen bis zum
Zentrum.
Haben Sie noch mehr Fragen?

● Ja! Wann kann ich einziehen?

Den ganzen Abend denkt Felice an
die neue Wohnung.
„Ich rufe Sie morgen an", hat Frau
Schönhaus zum Abschied gesagt.
„Hoffentlich bekomme ich die Woh-
nung! Und dann kaufe ich endlich ein
neues Sofa."
In der Nacht träumt Felice von Sofas.

KAPITEL 4

10 Stimmt das? Lesen Sie und korrigieren Sie die Fehler. Schreiben Sie den Text richtig.

Die Wohnung kostet 540 Euro Miete. Dazu kommen Nebenkosten in Höhe von 200 Euro plus Heizung. Die Mieter trocknen die Wäsche im Hof. Das Fahrrad können sie auf dem Speicher abstellen.

_____

_____

_____

_____

_____

_____

11a Welche Geschäfte gibt es der Nähe?
Hören Sie und kreuzen Sie an.

ein Kaufhaus ☐   ein Café ☐

eine Bäckerei ☐   ein Getränkemarkt ☐

eine Metzgerei ☐   eine Pizzeria ☐

ein Blumenladen ☐   eine Apotheke ☐

ein Supermarkt ☐   ein Schuhgeschäft ☐

eine Drogerie ☐   ein Buchladen ☐

11b Welche Geschäfte gibt es in Ihrer Nähe? Sammeln Sie.

Am nächsten Morgen wird Felice wieder von lauter Musik geweckt.
Aber heute ist ihr das egal. Schnell steht sie auf, kocht Kaffee, duscht und fährt in die Arbeit.

Dreimal in der Woche jobbt Felice bei einer Filmproduktion.
„Guten Morgen, Ruth!"
„Guten Morgen, Felice."
Ruth ist die Regisseurin.

„Felice, hier sind die Texte. Kannst du sie bitte dreimal kopieren? Wir machen nachher eine Probe mit den Schauspielern. Und dann musst du das Mittagessen bestellen. Wir sind ungefähr zehn Leute. Ach ja, ruf doch bitte Philipp an, er ist noch nicht da und der Kameramann wartet schon."
Philipp ist Praktikant bei der Filmfirma und Felice mag ihn gern.

Zuerst schickt Felice eine SMS an Philipp:

Danach kopiert sie die Texte.
Und schließlich bestellt sie das Mittagessen,
➊Ü12 Pizza für alle.

> **Wo steckst du? Beeil dich! Ruth ist sonst sauer[4].**
> ☺ **Felice**

---

4 *sauer sein:* hier: *verärgert sein*

Um halb elf ist Kaffeepause.
Auf dem Weg zur Kaffeeküche klingelt
das Handy von Felice.
Sie sieht auf das Display: Frau Schön-
haus!
Aufgeregt meldet sie sich:

● Lembeck!
○ Hallo, Frau Lembeck. Hier ist Schönhaus.
● Guten Tag, Frau Schönhaus.
○ Möchten Sie immer noch einziehen?
● Bekomme ich die Wohnung?
○ Ja!
● Juhuu!!!! Entschuldigung, aber ich freue mich sehr!
○ Das ist schön. – Wann können Sie denn einziehen? Ich ziehe
   am Monatsende aus und dann ist die Wohnung frei.
● Das ist ja schon in drei Wochen ... Hm, ich habe ja drei Mo-
   nate Kündigungsfrist. Oder ich muss für meine Wohnung
   einen Nachmieter[5] finden. Zwei Monatsmieten kann ich
   nicht doppelt bezahlen, aber ...
○ Kein Problem. Für meine Wohnung zahlen Sie die Mie-
   te erst, wenn Sie eingezogen sind. Ich wollte nur Bescheid
   sagen, dann können Sie planen.
● Ist das für Ihren Vermieter denn in Ordnung?
○ Meinen Vermieter? Ich bin die Vermieterin. Das ist meine
   Eigentumswohnung[6].
● Frau Schönhaus, Sie sind ein Schatz!
○ Danke, lassen Sie sich Zeit. Ich melde mich in den nächsten
   Tagen noch mal, dann können wir alles in Ruhe besprechen.
   Und wir brauchen ja auch einen Termin für den Mietvertrag. ❯Ü13

5 *der Nachmieter*: ich ziehe aus einer Wohnung aus, der Nachmieter mietet nach mir diese
Wohnung
6 *die Eigentumswohnung*: die Wohnung gehört mir, ich habe sie gekauft und nicht gemietet

Felice ist glücklich.

In der Kaffeepause spaziert sie zu einem Möbelhaus in der Nähe und holt sich Prospekte und Kataloge für Sofas.

Nach der Kaffeepause proben die Schauspieler verschiedene Szenen. Die Regisseurin ist nicht zufrieden. Immer wieder ruft sie: „Stopp! Bitte mehr Emotionen! So ist das alles sehr langweilig. Noch mal. Und bitte!"

Endlich ist die Regisseurin zufrieden.

„Danke! Wir machen jetzt eine halbe Stunde Mittagspause. Und nach der Pause drehen wir Szene 14. Bitte lest die Texte noch mal genau durch, ja?"

Felice hat heute Mittag keinen Hunger. Sie sucht lieber ein Sofa. Ruth kommt zu ihr und sieht die vielen Prospekte.

„Kaufst du neue Möbel? Zeig mal."

„Wie findest du dieses Sofa?"

„Nee. Zu altmodisch."

„Und das?"

„Schon besser. Mir gefällt das ganz gut."

„Na ja, es geht. Ein bisschen groß vielleicht."

„Das hier! Das ist schön!"

„Stimmt. Aber da muss ich erst im Lotto gewinnen."

KAPITEL 5

11 Wo jobbt Felice? Was muss sie heute tun? Schreiben Sie.

Felice jobbt _____.

Heute muss sie _____

_____.

13a Hören Sie. Bekommt Felice die Wohnung? Markieren Sie.

Ja, Felice bekommt die Wohnung. ☐

Nein, Felice bekommt die Wohnung nicht. ☐

13b Richtig oder falsch? Hören Sie noch einmal und kreuzen Sie an.

	R	F
1. Felice möchte die Wohnung nicht mehr.	☐	☐
2. Frau Schönhaus hat keinen Vermieter.	☐	☐
3. Felice ist ein Schatz.	☐	☐
4. Frau Schönhaus zieht am Monatsende aus ihrer Wohnung aus.	☐	☐
5. Felice kann nicht doppelt Miete bezahlen.	☐	☐
6. Felice hat für ihre Wohnung 3 Monate Kündigungsfrist.	☐	☐

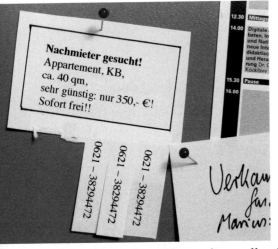

In den folgenden vier Wochen hatte Felice viel zu tun.
Zuerst hat sie eine Wohnungsanzeige geschrieben und in der Universität aufgehängt.
Und sie hatte Glück! Nach drei Tagen war ihre alte Wohnung weg!

Dann hat sie ihren Umzug geplant.
Philipp und Florian, zwei Kollegen aus dem Filmstudio, wollen ihr helfen. Florian hat einen Bus und kann ihre Möbel transportieren!
Felice hat große Kartons besorgt und gepackt: die Bücher, die Kleider, die Sachen für die Küche und fürs Bad.

Endlich ist der Umzugstag da!
Um neun Uhr sind Philipp und Florian da, holen die Kartons und die Möbel ab und bringen alles in die neue Wohnung. Jetzt holen sie noch

◑Ü14 das neue Sofa.

Felice packt schon die ersten Kartons aus und hängt ihr Lieblingsbild an die Wand.
Es klingelt!

Sie öffnet die Wohnungstür. Philipp und Florian bringen das neue Sofa.

„Wo soll es denn hin?", fragt Florian.
„Ins Wohnzimmer. Links an die Wand."
„Alles klar."

Die beiden Männer tragen das Sofa ins Wohnzimmer, stellen es vor die Wand und packen es aus.

„So, fertig!" Philipp schnauft.

Felice sieht sich alles an. Sie ist nicht zufrieden.

„Der Schreibtisch bleibt vor dem Fenster, dann habe ich viel Licht. Aber ich glaube, das Sofa muss doch besser rechts an die Wand. Vielleicht hier."

Florian und Philipp tragen das Sofa an die rechte Wand.

„Hm." Felice überlegt.

„Vielleicht doch den Schreibtisch an die Wand und das Sofa vor das Fenster?"

Florian und Philipp tragen das Sofa vor das Fenster.

„Nee, ich glaube, anders war es doch besser. Könntet ihr das bitte noch mal links ... ?"
„Na gut!", stöhnt Philipp müde.

„Aua!!!!", schreit Florian. Er hat sich den Rücken verrenkt[7].

❯Ü15
❯Ü16

7 *verrenken*: einen Körperteil durch eine falsche Bewegung aus der normalen Position bringen

KAPITEL 6

14 Was wissen Sie über Philipp und Florian? Sammeln Sie.

15 Sehen Sie die Fotos an. Wo stehen die Möbel? Schreiben Sie.

Das Sofa steht links an
der Wand.

_____

_____

_____

_____

_____

_____

_____

_____

_____

_____

16 Sie bekommen einen Schreibtisch geschenkt. Suchen Sie einen
Platz in Ihrer Wohnung. Wo stellen Sie ihn hin? Warum?

31

Endlich ist alles an seinem Platz und Felice lädt ihre Helfer zum Pizzaessen ein.

Sie erzählt von der Wohnungssuche und von Frau Schönhaus und bedankt sich noch einmal für die Hilfe beim Umzug.

„Wenn ich alles eingerichtet habe, mache ich eine Party. Ihr kommt doch?"

„Gern!", antwortet Philipp spontan.

Nur Florian sieht nicht sehr glücklich aus.

„Was ist los mit dir?", fragt Felice.

„Ich weiß nicht, mein Rücken tut sehr weh. Das Sofa ..."

„Oh, das tut mir leid. Brauchst du einen Arzt?"

„Nein, das wird schon wieder."

„Hoffentlich!" Felice macht sich Sorgen.

„Ich kenne eine gute Ärztin. Warte, ich gebe dir die Telefonnummer."

In dieser Nacht schläft Florian sehr schlecht. Seine Rückenschmerzen werden nicht besser.

Am Morgen nimmt er Schmerztabletten. Er muss arbeiten: ein Auftrag im Filmstudio.

Ruth sieht sofort, dass es Florian nicht gut geht:

„Was ist los mit dir?"

„Mein Rücken! Ich habe Felice gestern beim Umzug gehol-

◉Ü17   fen. Und seitdem habe ich schreckliche Schmerzen."

„Warst du schon beim Arzt?"
„Nein."
„Dann geh lieber gleich. So kannst du doch nicht arbeiten."

Florian hat den Zettel von Felice noch in seiner Tasche. Er nimmt sein Handy und ruft in der Praxis an.
Die Arzthelferin ist sehr freundlich. Heute ist die Ärztin nicht da, aber für morgen hat er einen Termin bekommen.

❱Ü18

„Und? Hast du einen Termin?", fragt Ruth.
„Ja, aber erst morgen."
„Dann geh nach Hause und leg dich hin. Soll ich dir ein Taxi rufen?"
„Danke, das mach' ich schon. Tschüs."
„Tschüs. Und gute Besserung!"

Florian schreibt noch schnell eine SMS an Philipp:

> Hallo, Philipp!
> Komme heute nicht zum Fußballspiel.
> Rücken kaputt!
> ☹ Florian

KAPITEL 7

**17 Was ist mit Florian passiert?
Ergänzen Sie die Sätze.**

Florian hat ⎯⎯⎯⎯⎯⎯⎯⎯⎯⎯⎯⎯⎯⎯⎯⎯⎯⎯ .

Das Sofa ⎯⎯⎯⎯⎯⎯⎯⎯⎯⎯⎯⎯⎯⎯⎯⎯⎯⎯ .

Er hat schlecht ⎯⎯⎯⎯⎯⎯⎯⎯⎯⎯⎯⎯⎯⎯⎯⎯ .

Er nimmt ⎯⎯⎯⎯⎯⎯⎯⎯⎯⎯ , weil ⎯⎯⎯⎯⎯⎯⎯⎯

⎯⎯⎯⎯⎯⎯⎯⎯⎯⎯⎯⎯⎯⎯⎯⎯⎯⎯⎯⎯⎯⎯⎯⎯⎯ .

**18 Florian muss zum Arzt, er braucht einen Termin. Er ruft in der
Praxis an. Bringen Sie das Gespräch in die richtige Reihenfolge.**

_1_ ● Arztpraxis Dr. Hartmann, guten Morgen.

___ ○ Das macht nichts. Ich kann nicht bis nächste Woche warten.
Ich komme morgen.

___ ○ Nächste Woche? Kann ich nicht heute kommen? Ich habe
schreckliche Schmerzen.

___ ○ Und morgen?

___ ● In Ordnung, Herr Stützel, die Praxis ist ab 8.00 Uhr geöffnet.

___ ● Moment bitte, nächste Woche am Dienstag ist noch was frei.
Um 16.00 Uhr.

_5_ ● Nein, Herr Stützel, tut mir leid, heute geht es leider nicht.

___ ● Morgen ist es sehr voll. Aber Sie können kommen und müssen
dann halt warten.

___ ○ Alles klar, bis morgen. Auf Wiederhören.

___ ○ Guten Morgen, mein Name ist Stützel. Ich brauche bitte
einen Termin.

___ ● Auf Wiederhören.

Florian hat wieder sehr schlecht geschlafen.
Er steht auf und trinkt eine Tasse Tee. Hunger hat er nicht.
Dann fährt er zur Arztpraxis.

❱Ü19

Die Arzthelferin braucht seine Versichertenkarte, Florian muss
noch 10 Euro Praxisgebühr[8] bezahlen, dann geht er ins Wartezimmer.

8 *die Praxisgebühr*: Patienten in der gesetzlichen Krankenversicherung müssen in Deutsch-
land einmal im Vierteljahr zusätzlich 10 Euro für ihre Arzt- oder Zahnarztbesuche zuzahlen

Im Wartezimmer sitzen viele Patienten. Alle lesen Zeitschriften oder Magazine. Florian wartet.
Nach einer halben Stunde kommt er dran.

22

● Ü20 ● Guten Tag, Herr Stützel. Was fehlt Ihnen denn?
○ Hier oben tut es sehr weh und das geht runter bis in mein Bein.
● Hm, wie lange haben Sie das denn schon?
○ Seit vorgestern. Und so richtig schlimm ist es seit gestern.
● Tut es hier weh?
○ Ja! Aua!
● Wir müssen erst mal röntgen. Ich schreibe Ihnen eine Überweisung[9] zum Röntgen und ein Rezept für Schmerztabletten und eine Salbe.
○ Wie oft muss ich die Tabletten denn nehmen?
● Dreimal täglich zu den Mahlzeiten.
○ O. k. – Ich brauche auch noch eine Krankmeldung[10] für meinen Arbeitgeber.
● Gut, aber gehen Sie erst mal zum Röntgenarzt. Am besten heute noch.

9 *die Überweisung*: ein Arzt schickt den Patienten zu einem anderen Arzt oder ins Krankenhaus. Der Patient braucht für diesen Arzt oder für das Krankenhaus ein Formular: die Überweisung
10 *die Krankmeldung*: wenn man krank ist und nicht arbeiten kann, braucht man vom Arzt eine Bescheinigung (die Krankmeldung) für den Arbeitgeber

KAPITEL 8

18 Was ist was? Ordnen Sie zu.

> die Arzthelferin • die Versichertenkarte •
> der Computer • das Wartezimmer •
> der Beleg für die Praxisgebühr • die Rezeption

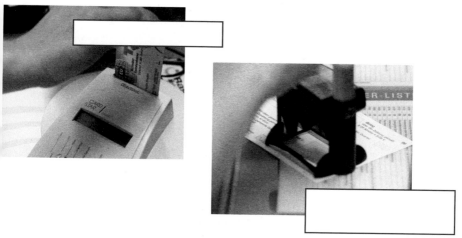

20 Hören Sie. Welche Aussagen sind richtig? Markieren Sie.

1. Florian hat Schmerzen bis ins Bein. ☐
2. Er hat die Schmerzen schon seit einer Woche. ☐
3. Die Ärztin macht eine Röntgenaufnahme. ☐
4. Florian bekommt ein Rezept für Schmerztabletten und eine Salbe. ☐
5. Florian braucht eine Krankmeldung für seinen Arbeitgeber. ☐
6. Florian muss zum Röntgenarzt. ☐

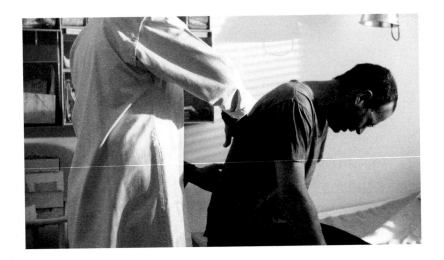

Liebe Freunde,

am Samstag um 18 Uhr
mache ich eine Party
in meiner neuen Wohnung!
Ihr seid herzlich eingeladen.
Es gibt Musik, Essen und Trinken.

Bringt gute Laune mit!

Felice

Adresse: Albrechtstraße 82

Die neue Wohnung von Felice ist schön geworden. Heute feiert sie mit ihren Freunden die Einweihungsparty.

❯Ü22

„Drring!"
„Hallo, kommt rein! Schön, dass ihr da seid."
Felice begrüßt die Gäste.
„Oh, danke für die Blumen! In der Küche gibt es was zu essen und zu trinken. Heute ist Selbstbedienung. Eure Jacken könnt ihr ins Schlafzimmer legen, das ist die zweite Tür, links."

Viele Freunde sind gekommen.
Alle bewundern die neue Wohnung und Felice muss immer wieder erzählen, wie sie die Wohnung gefunden hat.
Auch Frau Schönhaus, die Vermieterin, und die Nachbarn sind gekommen.

Es klingelt wieder an der Wohnungstür.

„Florian! Schön, dass du kommst! Wie geht es dir?"
„Hallo, Felice, danke, es geht mir gut."
„Keine Schmerzen mehr?"
„Nein, alles o. k. Ich darf sogar wieder Fußball spielen."
„Komm rein, die anderen sind im Wohnzimmer. Kommt Philipp auch?"
„Klar! Der sucht nur noch einen Parkplatz."

Ein paar Minuten später kommt auch Philipp.
Felice begrüßt ihn sehr herzlich.
„Du kennst die Wohnung ja schon."
„Ist sehr schön geworden! Aber vielleicht ein bisschen zu groß für eine Person ..."
Felice lacht. „Findest du?"

ENDE

KAPITEL 9

21 Schreiben Sie Felice eine E-Mail. Wählen Sie:

a Sie kommen gern und freuen sich.

b Sie können leider nicht kommen.

Liebe Felice,
vielen Dank für …

Liebe Freunde,

am Samstag um 18 Uhr mache ich eine Party in meiner neuen Wohnung! Ihr seid herzlich eingeladen. Es gibt Musik, Essen und Trinken.

Bringt gute Laune mit!

Felice

Adresse: Albrechtstraße 82

22 Lesen Sie und beantworten Sie die Fragen.

1. Wie ist die neue Wohnung von Felice?

2. Wer ist alles zur Party gekommen?

3. Was kann man zur Begrüßung sagen?

4. Wie geht es Florian?

5. Wie findet Philipp die Wohnung?

KAPITEL 1

1a   wacht um 7 Uhr auf
Wecker klingelt erst um halb acht
Nachbar, 14 Jahre, macht laute Musik: Heavy Metal
will ausziehen
25 Jahre alt
studiert Französisch und Deutsch
hat eine kleine Wohnung am Stadtrand: ein Zimmer, Küche, Bad
will eine größere Wohnung im Zentrum
kocht Wasser, macht Kaffee
zieht ihren Morgenmantel an, holt die Zeitung
liest die Zeitung zum Frühstück
sieht die Wohnungsanzeigen

1b

	Name	Alter	Beruf	…
Person	Felice	25	Studentin	Französisch und Deutsch

	Wohnung	Nachbarn	…	…
Wohnsituation	ein Zimmer, Küche, Bad am Stadtrand	14-jähriger Junge hört laute Musik	die Musik stört, Felice wacht immer zu früh auf	Felice will eine größere Wohnung im Zentrum
Morgenritual	aufstehen, eigentlich erst um halb acht, in die Küche gehen Wasser aufsetzen, Kaffee machen Morgenmantel anziehen, Zeitung holen beim Frühstück die Zeitung lesen			

3
2 ZKB im Zentrum, 65 qm,
Zentralhzg., Neubau!
600 € + NK, 2 MM Kaution.
Sofort frei.
Stegmüller Immobilien
Tel. 0171-83383320

KAPITEL 2

4 1. B, 2. C, 3. D, 4. A

5a die Anzeige, Balkon, Zentralheizung, Nebenkosten, kalt, Kaution, Monatsmieten, Provision, …

6 Die Frau am Telefon heißt Frau Schönhaus. Felice kann die Wohnung heute um halb fünf besichtigen. Die Adresse ist Albrechtstraße 82. Felice fährt mit der U-Bahn zur Besichtigung. Sie muss die Linie 2 bis zum Kaiserplatz nehmen.

KAPITEL 3

7 die Küche, das Badezimmer, das Schlafzimmer, das Wohnzimmer

8a Die Küche ist klein und praktisch. Das Badezimmer ist klein. Das Wohnzimmer ist groß und (sehr) hell. Der Balkon ist schön.

8b Der Herd ist ziemlich neu. Frau Schönhaus kann den Herd und den Kühlschrank dalassen, die Waschmaschine nimmt sie mit.
Der große Einbauschrank im Schlafzimmer bleibt drin.
Die Wohnung ist in einer Seitenstraße, es gibt wenig Verkehr.
Die Nachbarn sind ältere Leute, nett und sehr ruhig.

KAPITEL 4

10 Die Wohnung kostet 540 Euro Miete. Dazu kommen Nebenkosten in Höhe von ~~200~~ 140 Euro ~~plus~~ inklusive Heizung. Die Mieter trocknen die Wäsche ~~im Hof~~ auf dem Speicher. Das Fahrrad können sie ~~auf dem Speicher~~ im Hof oder im Fahrradkeller abstellen.

11a eine Bäckerei, eine Metzgerei, ein Supermarkt, ein Café, eine Pizzeria, eine Apotheke, ein Schuhgeschäft

KAPITEL 5

12 Felice jobbt bei einer Filmproduktion. Heute muss sie Texte kopieren, Mittagessen bestellen und Philipp anrufen.

13a Ja, Felice bekommt die Wohnung.

13b 1. F, 2. R, 3. F, 4. R, 5. R, 6. R

KAPITEL 6

14   Florian und Philipp sind Kollegen aus dem Filmstudio. Sie helfen beim
Umzug. Florian hat einen Bus und kann die Möbel transportieren.
Florian und Philipp tragen die Kartons, die Möbel und das neue Sofa
in die neue Wohnung.

15   Sehen Sie die Fotos an. Wo stehen die Möbel? Schreiben Sie.

Der Schreibtisch steht vor dem
Fenster. Der Stuhl steht vor dem
Schreibtisch. Die Lampe steht auf
dem Schreibtisch. Der kleine Tisch
steht in der Ecke.

Das Sofa steht vor dem Fenster,
der Schreibtisch steht links an der
Wand.

Das Sofa steht rechts an der
Wand. Der Schreibtisch steht vor
dem Fenster.

KAPITEL 7

17 Florian hat Rückenschmerzen. Das Sofa war schwer. Er hat schlecht geschlafen. Er nimmt Schmerztabletten, weil er im Filmstudio arbeiten muss.

18

__1__ ● Arztpraxis Dr. Hartmann, guten Morgen.

__8__ ○ Das macht nichts. Ich kann nicht bis nächste Woche warten. Ich komme
morgen.

__4__ ○ Nächste Woche? Kann ich nicht heute kommen? Ich habe schreckliche
Schmerzen.

__6__ ○ Und morgen?

__9__ ● In Ordnung, Herr Stützel, die Praxis ist ab 8.00 Uhr geöffnet.

__3__ ● Moment bitte, nächste Woche am Dienstag ist noch was frei. Um 16.00
Uhr.

__5__ ● Nein, Herr Stützel, tut mir leid, heute geht es leider nicht.

__7__ ● Morgen ist es sehr voll. Aber Sie können kommen und müssen dann halt
warten.

__10__ ○ Alles klar, bis morgen. Auf Wiederhören.

__2__ ○ Guten Morgen, mein Name ist Stützel. Ich brauche bitte einen Termin.

__11__ ● Auf Wiederhören.

KAPITEL 8

19

die Rezeption

das Wartezimmer

die Arzthelferin

der Computer

die Versichertenkarte

der Beleg für
die Praxisgebühr

20 1, 4, 5, 6 sind richtig

KAPITEL 9

21 a Liebe Felice,
vielen Dank für Deine Einladung, ich komme sehr gern und freue
mich schon. Kann ich was mitbringen?
Bis Samstag und liebe Grüße!
Elke

   b Liebe Felice,
vielen Dank für Deine Einladung. Leider kann ich am Samstag nicht
kommen. Sehr schade!
Bis bald und viele Grüße
Piet

22 1. Die Wohnung ist sehr schön, alle bewundern sie.
2. Viele Freunde, Florian, Philipp, Frau Schönhaus, die neuen Nachbarn.
3. Hallo! Kommt rein! Schön, dass ihr da seid! Schön, dass du kommst!
4. Florian geht es wieder gut, er darf sogar wieder Fußball spielen.
5. Philipp findet die Wohnung sehr schön, aber ein bisschen zu groß für
eine Person.

Übersicht über die in der Reihe *Lesen & Hören* erscheinenden Bände:

A 1

Der Filmstar	48 Seiten	Bestell-Nr. **47291**
Glück gehabt	48 Seiten	Bestell-Nr. **47292**
Eine Liebesgeschichte	48 Seiten	Bestell-Nr. **47293**

Übersicht über die in der Reihe *Leo & Co.* erscheinenden Bände:

Stufe 1 ab 50 Lernstunden

Gebrochene Herzen	64 Seiten	Bestell-Nr. **49745**
Die Neue	64 Seiten	Bestell-Nr. **49746**
Schwere Kost	64 Seiten	Bestell-Nr. **49747**
Der 80. Geburtstag	64 Seiten	Bestell-Nr. **49748**
Miss Hamburg	64 Seiten	Bestell-Nr. **46501**
Das schnelle Glück	64 Seiten	Bestell-Nr. **46502**
Die Prinzessin	64 Seiten	Bestell-Nr. **46506**
Ein Hundeleben	64 Seiten	Bestell-Nr. **46507**

Stufe 2 ab 100 Lernstunden

Schöne Ferien	64 Seiten	Bestell-Nr. **49749**
Der Jaguar	64 Seiten	Bestell-Nr. **49750**
Große Gefühle	64 Seiten	Bestell-Nr. **49752**
Unter Verdacht	64 Seiten	Bestell-Nr. **49753**
Liebe im Mai	64 Seiten	Bestell-Nr. **46503**
Der Einbruch	64 Seiten	Bestell-Nr. **46504**
Oktoberfest und zurück	64 Seiten	Bestell-Nr. **46508**
In Gefahr	64 Seiten	Bestell-Nr. **46509**

Stufe 3 ab 150 Lernstunden

Stille Nacht	64 Seiten	Bestell-Nr. **49754**
Leichte Beute	64 Seiten	Bestell-Nr. **49755**
Hinter den Kulissen	64 Seiten	Bestell-Nr. **46505**
Speed Dating	64 Seiten	Bestell-Nr. **46510**